Dieter Hagenmüller

Waldeslust und Paragrafenfrust

Dieter Hagenmüller

Waldeslust und Paragrafenfrust

Neues aus dem Stadtwald

Mit Illustrationen von Uli Gleis

Bibliografische Information der Deutschen Nationalbibliothek
Die Deutsche Nationalbibliothek verzeichnet diese Publikation in der
Deutschen Nationalbibliografie; detaillierte bibliografische Daten
sind im Internet über http://dnb.d-nb.de abrufbar.

Dieter Hagenmüller
Waldeslust und Paragrafenfrust
Neues aus dem Stadtwald

Illustrationen und Umschlaggestaltung: Uli Gleis, Tübingen

Berlin: Pro BUSINESS 2016

ISBN 978-3-86460-541-3

1. Auflage 2016

Inhalt

Vorwort

Seit den ersten Pirschgängen mit Förster Pfeifengras, die in meinem Buch *Waldeslust und Forstfiasko* ihren Niederschlag fanden, sind bereits wieder fast zwei Jahrzehnte vergangen.

Für den Wald und die Förster haben sich die Rahmenbedingungen für ihre Arbeit seitdem weiter in nie geglaubtem Ausmaß verändert: leider nicht zum Guten! Ein Kollege von Pfeifengras bezeichnet diese unsäglichen Reformen zu Recht als „Deformen" und nennt sein Gehalt seit geraumer Zeit auch Schmerzensgeld.

Trotz alledem habe ich versucht, mir eine gesunde Portion (Galgen-)Humor zu bewahren. So hoffe ich, dass diese neuen Anekdoten um Förster Pfeifengras abseits des TV-Alltags ein gewisses Lesevergnügen bereiten.

Sollte sich der eine oder andere Leser gelegentlich beim Lachen etwas quälen, ist dies lediglich meiner Ehrlichkeit geschuldet.

Danken möchte ich dem mir unbekannten Autor von „Eine Geschichte – Mitten aus dem Leben", die ich vor einigen Jahren im Internet fand. Sie war die Steilvorlage für mein Kapitel *Notdurft*.

Gewidmet ist dieses Buch all meinen treuen Weggefährten, langjährigen Mitstreitern für den Stuttgarter

Wald und den anderen klasse Typen, mit denen ich in meiner über 40jährigen Dienstzeit zu tun hatte.

Namentlich erwähnt sei hier meine ehemalige Chefin Frau Christa Erdin-Schwill, die ich, bedingt durch ihren frühen Tod, in meinen letzten Dienstjahren schmerzlich vermisst habe.

Dieter Hagenmüller

Oh Tannenbaum

Eine vorweihnachtliche Maßnahme

Allein durch den Holzverkauf kann ein Forstbetrieb, besonders in der Großstadt, wo viel Geld für Erholungseinrichtungen, wie Grillstellen, Waldspielplätze und Sportpfade gebraucht wird, kein positives Betriebsergebnis erzielen. Auch werden die vielfältigen Leistungen des Waldes bezüglich Bodenschutz, sauberem Wasser, Klimaausgleich und Luftreinhaltung leider nirgends finanziell gewertet. So hatte Förster Keifert, ein Kollege von Pfeifengras, schon vor einigen Jahren eine Idee, wie zusätzlich ein paar Euro in die maroden öffentlichen Kassen kommen könnten. Der Verkauf von Christbäumen aus dem stadtnahen Wald, nach dem Motto „heimischer Baum in die heimische Stube", müsste doch eigentlich Käufer anziehen. Neben der emotionalen Bindung zum heimatlichen Wald waren für die umweltbewussten Käufer sicher auch die kurzen Transportwege ein stichhaltiges Argument. Zudem bot sich hier für die Forstleute eine Möglichkeit, mit den Bürgern ins Gespräch zu kommen.

Um dem Verkaufstermin noch einen gewissen Eventcharakter zu verleihen, organisierte man zusätzlich einen Glühweinstand und eine Verkaufsbude, in der Holzarbeiten, von den Forstwirt-Azubis gefertigt, angeboten wurden. Auch aktivierte Förster Keifert noch ein paar seiner Kollegen, die sowohl beim Verkauf halfen, als auch als wandelnde Infosäulen publikumswirksam Öffentlichkeitsarbeit betreiben konnten.

So entwickelte sich der Christbaumverkauf des Forstamtes in nur wenigen Jahren mit ständig steigenden Käuferzahlen zu einem forstlichen Hit: Schon Stunden vor dem eigentlichen Verkaufsbeginn finden sich Kaufinteressenten am großen Waldparkplatz vor den Toren der Landeshauptstadt ein. Einmal wurde sogar ein Wohnmobil beobachtet, deren Besitzer sich bereits am Abend zuvor am Parkplatz eingefunden hatten, um nach einer Übernachtung frühmorgens die „Poleposition" beim Verkauf zu ergattern.

In diesem Zusammenhang ist es wichtig auf ein paar entscheidende Kaufkriterien hinzuweisen, die unerlässlich sind, um aus der angebotenen ökologischen Modellpalette des Forstamtes den geeigneten Kandidaten auszuwählen. Zum einen ist die Frische entscheidend, wobei dieses Kriterium stets erfüllt ist, da die Bäume immer erst kurz vor dem Verkaufstermin geschlagen werden.

Zum Thema Form erlebte Förster Pfeifengras ein durchaus anrührendes Widerwort eines kleinen Mädchens gegenüber seinem Vater, bezüglich dessen vorgeschlagenen Baumes: „Nein, wir nehmen den hier, der ist so hässlich, den will niemand, der tut mir leid."

Letztendlich aber führen rein geometrische Parameter zum Kauf: *Basisdurchmesser und Höhe.*

Die Bedeutung des Kriteriums *Basisdurchmesser* des Stammes wurde Förster Pfeifengras zum ersten Mal bewusst, als er bei einer privaten Christbaumaktion einen früheren Schulfreund begrüßte, der mit einer schweren Plastiktüte bewaffnet am Treffpunkt beim Waldeingang wartete. Interessiert stellte Förster Pfeifengras ihm die Frage, was er denn in der Tüte hätte. Da dieser Schulfreund in der Zwischenzeit Staatsanwalt geworden war und von jeher eher den Geisteswissenschaftlern zuzurechnen als der praxisorientierten „Heimwerker-Fraktion", war Pfeifengras auf eine überraschende Antwort durchaus gefasst. Diese erfolgte auch prompt: „Do hann i mein Chrischdbaumständer drenn – no kann i glei den Baum aussucha, der da au neipasst!"

Das andere wichtige Kriterium beim Kauf ist dann die Größe: Der Städter, der seine Wohnung als durchaus geräumig empfindet, täuscht sich oftmals über ihr tatsächlich vorhandenes Volumen, wenn er im Freien vor einer Vielzahl von Bäumen steht, die hier in der Weite des Waldes gar nicht so gewaltig groß erscheinen.

So konnte bei einem der letztjährigen Verkaufstermine ein Freund des heimischen Baumes beobachtet werden, der in völliger Verkennung der Größe seiner Wohnräume den Baum seiner Wünsche gemeinsam mit drei Helfern zu seinem Kombi schleppte. Diese Aktion, die eher an das Aufstellen eines Maibaumes erinnerte, veranlasste eine ungläubig dreinblickende Beobachterin zu dem erstaunten Ausruf: „I glaub' die hent dahoim a Kathedrale."

Eine deutlich systematischere Vorgehensweise, um passgenau zum Ziel zu kommen, legte ein anderer Zeitgenosse und potenzieller Käufer an den Tag.

Er hatte sich von zu Hause einen klappbaren Meterstab mitgebracht, den er bereits am Parkplatz noch über 100 Meter von den Objekten seiner Begierde entfernt, zur vollen zwei Meter-Pracht entfaltete.

Mit wichtiger Miene schlängelte er sich mit dem im Takt wippenden Stab durch die Masse der anderen Kaufinteressenten. Nach ein paar Remplern, wobei seine Messlatte fast zu Bruch gegangen wäre, legte er beim ersten, ihm genehmen Baum an, um Maß zu nehmen. Kopfschüttelnd wechselte er zum nächsten – dann zum nächsten – und zum nächsten.

Der Werbeslogan „passt nicht – gibt's nicht" traf für ihn ganz offensichtlich nicht zu. Um eventuell in Frage kommende Bäume seiner engeren Wahl zu kennzeichnen, hatte sich dieser Christbaumexperte kleine Schleifchen aus rotem Klebeband mitgebracht, die er kurzerhand um die Christbaumspitze jedes möglichen Kandidaten band.

Nachdem er Bäume von der Anzahl einer mittelgroßen Baumschule vermessen hatte, begab er sich wieder an den Anfangspunkt seines Einkaufs-Parcours zurück, um die Auswahl einzugrenzen. Dabei passierte er die Schlange stehenden Käufer, die mit ihren Bäumen auf die Bezahlung und Vernetzung am Schlagbaum beim Waldausgang warteten. Er glaubte seinen Augen nicht zu trauen: Eine beträchtliche Anzahl der Bäume in der Schlange waren mit einem roten Bändchen verziert!

Als er einen der Wartenden mit einem Schleifchenbaum auf das in seinen Augen unerhörte Tun ansprach, tippte sich dieser an die Stirn und meinte: „I glaub du spennsch! Du kannsch doch keine 100 Baim reserviera". Einige der Wartenden pflichteten ihm bei, andere begannen zu grinsen und der Perfektionist begab sich wieder zu seinen übrig gebliebenen Kandidaten, um erneute Messungen vorzunehmen.

Irgendeine Maßungenauigkeit oder bau(m)artbedingten Fehler schien aber jedes Exemplar aufzuweisen. Hinzu kam, dass sich seine *Schleifchenbäume* immer weiter reduzierten.

Waren diese etwa durch seine eigenhändig vorgenommene Kennzeichnung für all die anderen Christbaumkäufer erst recht attraktiv geworden?

Zu guter Letzt begab er sich mit einem der wenigen übrig gebliebenen Bäume zum Bezahlen an das Ende der Schlange beim Schlagbaum. Während er wartete, drehte er das Tännchen immer wieder hin und her, um sich ein all umfassendes Bild zu machen. Schließlich bat er noch seinen Vordermann, es kurz zu halten, damit er „par distance" eine Beurteilung des Baumes vornehmen konnte.

Immer skeptischer wurde sein Blick auf den Baum, der objektiv betrachtet wirklich nicht gerade zu den Topfavoriten eines etwaigen Schönheitswettbewerbes für Christbäume zu zählen gewesen wäre.

Als er schließlich bei Förster Keifert angekommen war, fragte er den verdutzten Forstmann:

„Kann mr den eigentlich au als Reisig mit hoim nemma?" Da Bürgernähe und Kundenfreundlichkeit eine Selbstverständlichkeit für jeden Beamten sind, gab

Keifert dem bei ihm stehenden Forstwirt einen Wink. Dieser warf daraufhin seine Motorsäge an und skelettierte kurzerhand in wenigen Sekunden das Unglücksbäumchen.

Der Kunde bezahlte, nahm die Tannenwedel zusammen und ging zufrieden zu seinem Fahrzeug, in der einen Hand seine Reisig-Portion, in der anderen den zusammengeklappten Meterstab.

Übrigens, der Verkaufstermin für Christbäume *und* Reisig findet alljährlich am Samstag vor dem dritten Advent statt. In der Zwischenzeit am Haus des Waldes in Stuttgart-Degerloch, im Rahmen eines zweitägigen Waldweihnachtsmarktes.

Sie dürfen gerne unverbindlich vorbeischauen – ob mit oder ohne Metermaß.

Wildwechsel

Ein emotionales Wechselbad

Die Landeshauptstadt Stuttgart ist sowohl durch den hohen Waldanteil von 24 Prozent der Gemarkungsfläche als auch durch eine große Straßendichte gekennzeichnet. So sind Wildunfälle leider unvermeidlich und gehören zum Alltagsgeschäft der Forstleute. Im Bereich der Wildparkstraße, der Verbindung von Leonberg nach Stuttgart, gab es in der Vergangenheit schon Jahre, in denen die Hälfte des geplanten Abschusses beim Rehwild auf das Konto automobiler Erleger ging.

Durch das zusätzliche Auftreten des Schwarzwildes, also von Wildschweinen, die seit Mitte der 1980er Jahre aus dem Schönbuch zugewandert waren, hatte sich die Zahl der Wildunfälle weiter kräftig erhöht.

Um solche Unfälle trotzdem möglichst zu vermeiden, stehen an der Straße natürlich auch die bekannten Verkehrszeichen mit dem springenden Rehbock im roten Dreieck. Dieses Zeichen gibt es tatsächlich in zwei Varianten, nämlich Nummer 142/10 und 142/20 der Straßenverkehrsordnung (StVO), einmal: Reh springt nach rechts, zweitens: Reh springt nach links. Bei dieser Liebe zum Detail ist es eigentlich verwunderlich, dass nicht auch das Schild „Kreuzende Wildsau" existiert. Dies scheint der Regulierungswut sowohl von EU-Politikern als auch der Lobby der Hersteller von Verkehrsschildern seither entgangen zu sein.

Bei Wildunfällen besteht eine hohe Dunkelziffer, wobei deren Ursache aus folgenden Gründen sehr unterschiedlich ist:

- Der Fahrer hat das Tier leicht gestreift, die Berührung kaum bemerkt und fährt einfach weiter.

- Er hat die Kollision nicht nur optisch, sondern auch akustisch wahrgenommen und befürchtet etwaige Scherereien oder Strafen, da er offensichtlich die Warntafeln und die deshalb nötige Temporeduktion nicht beachtet hatte. Zumindest wenn das Wildtier „noch abgeht", wie der Waidmann zu sagen pflegt, wähnt man sich bei einer schnellen Flucht mit dem Pkw hierbei auf der sicheren Seite.

Völlig anders sieht die Angelegenheit aus, wenn am Heiligen Blechle ein Schaden entstanden ist. Hier gibt es zwei Varianten:

- Der forsch zupackende Autofahrer wirft das erlegte Wildtier ohne Unrechtsbewusstsein in seinen Kofferraum, um in Form eines hoffentlich schmackhaften Sonntagsbratens eine Kompensation für den Sachschaden zu erlangen.

- Der Kfz-Halter ist versicherungstechnisch gegen Wildunfälle abgesichert und möchte durch eine schriftliche Bestätigung des Jagdausübungsberechtigten den Sachschaden an seinem Pkw geltend machen. Nur hier informiert er die Polizei oder das Forstamt, was sich dann auch in der Jagdstatistik widerspiegelt.

So erlebte Förster Pfeifengras vor Jahren einen jüngeren Autofahrer, den er des Nachts am Unfallort an der Wildparkstraße in Tränen aufgelöst wiederfand. Die vergossenen Tränen des Fahrzeughalters galten allerdings nicht dem Keiler, der unwaidmännisch erlegt auf der Landesstraße zur Strecke gekommen war, sondern seinem Fahrzeug aus Sindelfinger Produktion. Der Keiler hatte, bedingt durch seine immerhin 70 Kilo, beim Aufprall einen bleibenden Eindruck an der Front des Wagens hinterlassen, wobei es sich hierbei wahrlich nicht nur um kleine Lackabsplitterungen handelte.

Völlig anders war die Reaktion eines Ehepaares an der Verbindungstraße von Botnang nach Feuerbach, nachdem ihr Fahrzeug in einen Wildunfall verwickelt war. Diese Beiden machten sich daran, den verletzten Frischling einzufangen, der quiekend nach der Kollision davongerannt war. Das arme Tier war zwar deutlich verletzt und flüchtete nicht gerade in strammem Schweinsgalopp. Trotzdem hatte es noch genügend Kraft, um sich schließlich in ein Entwässerungsrohr unter der Straße zurückzuziehen. Die beiden Tierschützer, die in absolut ehrenwerter Absicht und Engagement handelten, gaben sich dadurch aber noch lange nicht geschlagen. Nach geraumer Zeit, wobei jeder am Ausgang einer Kanalseite wartete, gelang es ihnen tatsächlich, das verletzte Schweinchen einzufangen. Sie schafften es dann auch noch, die arme Kreatur in das nahegelegene Tierasyl zu bringen.

19

Besonders ist hierbei zu erwähnen, dass der Transport in einem Smart getätigt wurde, der bekanntlich nicht gerade für ein großes Ladevolumen berühmt ist.

Im Tierheim war man dann ob dieses eingelieferten Notfalls mehr als ratlos.

Das verletzte Wildtier war nur die eine Seite. Zum anderen war auf die Schnelle das juristische Problem einer eventuellen Jagdwilderei für alle Beteiligten nicht sofort zu klären.

Letztendlich brachte man das schwerverletzte Tier in die Veterinärklinik zu Dr. Fröhlich. Da dieser selbst langjähriger Waidmann war, entschied er sich für die einzig sinnvolle Maßnahme, für die er sich mit den zuständigen Jagdpächtern telefonisch absprach.

Selbstverständlich bedankte sich der Arzt bei den vermeintlichen Tierrettern für ihren aufopferungsvollen Einsatz.

Reitstunden

Raum ist in der kleinsten Hütte

Mit dem schrittweisen Niedergang der Landesforstverwaltung in den letzten Jahrzehnten wurden auch die Forsthäuser, die als Dienstwohnung für die örtlichen Revierleiter dienten, nach und nach verkauft. In der Landeshauptstadt Stuttgart, wo der Förster als ständig erreichbarer Ansprechpartner für die Bevölkerung gefragt ist, konnte diese Entwicklung bisher zum Glück gestoppt werden. Dies wurde dadurch erreicht, dass die Stadt für ihre neuen Mitarbeiter, die reformgeplagten Förster, die Dienstgebäude beim Land anmietete.

Diese Forsthäuser, in der Mehrzahl ehemalige Parkwärterhäuschen im Bereich des Rot- und Schwarzwildparks, liegen entgegen den anderen Forsthäusern im Lande weit außerhalb des Ortskerns, praktisch in Alleinlage. So kann der jeweilige Dienstposteninhaber als Kompensation für die permanente Erreichbarkeit sich samt seiner Familie mitten in der Natur frei entfalten, sofern er mit dieser Waldeinsamkeit klarkommt.

Diese ökologischen Nischen, die diese etwas anderen Wohnsitze für ihre Bewohner darstellen, treiben gelegentlich kuriose Blüten. Förster Pfeifengras erlebte dies bei der Einschulung seines Sohnes. Dieser wurde, nachdem sein Wohnsitz in der Klasse bekannt geworden war, ungläubig gefragt wovon man sich da draußen ernähre: etwa von Pilzen und Beeren?!

Von dieser Problematik unbehelligt lebte Forstamtmann Ortwin, ein Kollege von Förster Pfeifengras, viele Jahre in seinem Refugium abseits der Zivilisation. Die Försterfamilie hatte sich mit ihren zwei kleinen Töchtern in relativ kurzer Zeit eine stattliche Anzahl von Tieren zugelegt. Neben Wachhund, Jagdhund und Schafen waren auch Kaninchen und Hühner in diesem Idyll vor den Toren der Landeshauptstadt vertreten. Das Highlight der kleinen Tierschau bildete letztendlich ein Pony.

Da ein Pferd natürlich auch als Mittel zur Fortbewegung genutzt werden kann, kam die Gattin des Försters bald auf die Idee, mit einer kleinen Kutsche ihre zwei Gören vom Forsthaus in die nahe gelegene Schule zu fahren. Da ihr dieses Ansinnen auf den öffentlichen Straßen zu gefährlich erschien, liebäugelte sie mit der Passage durch den Wald. Da nach dem Landeswaldgesetz das Kutschfahren dort aber nicht zulässig ist, wurde sie alsbald beim Chef ihres Mannes, Herrn Forstdirektor Stierle, wegen einer Genehmigung vorstellig. Dieser hörte sich ihre Bitte geduldig an, lehnte dann aber schroff und deutlich ab, da er keinerlei Präzedenzfälle im Stuttgarter Wald schaffen wollte.

Der Personentransport auf dem Rücken des Pferdes war davon natürlich nicht betroffen, zumal auch ein offiziell ausgewiesener Reitweg direkt am Forsthaus vorbei führte. Ebenso war die Grünfläche am Forsthaus durchaus für etwaige Pferdebewegungen bestens geeignet.

Für die zwei pferde- und reitbegeisterten Töchter des Försters stellte sie lediglich ein kleines Problem bei schlechtem Wetter dar.

Forstamtmann Ortwin, ohnehin ein eher unkonventioneller Typ, war in Ermangelung einer Reithalle aber nicht um eine praktikable Lösung verlegen. So wurde kurzerhand im Erdgeschoss des Forsthauses ein Teil des Mobiliars verschoben. Dadurch, dass die einzelnen Zimmer durch Türöffnungen miteinander verbunden waren, entstand so ein kleiner aber feiner Rundkurs.

So konnte auch bei Regen die eine oder andere Reitstunde trockenen Hauptes absolviert werden. Obwohl dies mit dem unbeschlagenen Pony, also ohne Hufeisen, und nur im Schritt erfolgte, ging das Reiten natürlich nicht spurlos an dem landeseigenen Parkettboden vorüber.

Nun werden alle paar Jahre von den Staatlichen Hochbauämtern in den von ihnen betreuten Gebäuden sogenannte Bauschauen abgehalten. Dabei werden eventuell vorzunehmende Renovierungs- oder Instandhaltungsarbeiten besprochen und geplant.

In diesem Zusammenhang geriet Förster Ortwin eines schönen Tages in leichte Verlegenheit. Als er nämlich auf den aus seiner Sicht renovierungsbedürftigen Holzboden in seinem Erdgeschoss hinwies, erhielt er von dem inspizierenden Bauleiter eine kalte Abfuhr: „Herr Ortwin, erzählen Sie mir bitte nichts. Ich weiß definitiv von einem Waldarbeiter, dass aus Ihrem Wohnzimmerfenster schon ein Pferd herausgeschaut hat".

Baumbestattung

Was wird hier eigentlich bestattet?

Auch bei Bäumen, deren natürliche Lebenszeit ein Mehrfaches eines Menschenlebens beträgt, hat irgendwann das letzte Stündlein geschlagen. Im Normalfall sterben sie dann im Laufe von einigen Jahren an ihrem angestammten Ort langsam ab und bieten während dieser Phase unzähligen Tieren und Pflanzen einen speziellen Lebensraum, ehe sie sich in ihre chemischen Elemente auflösen.

Da Bäume also nie klassisch begraben werden, kennt man den Begriff Baumbestattung daher auch nur als alternative Form von Urnenbeisetzungen an Bäumen, oftmals in sogenannten Friedwäldern.

Die Baumbestattung im ureigenen Wortsinn lernte Förster Pfeifengras im Zuge des Bahnprojektes S21 kennen, das unter vielfältigen Aspekten im Laufe der letzten Jahre weit über die Landeshauptstadt hinaus fragwürdige Berühmtheit erlangte.

Für dieses Bauprojekt, das den Stuttgarter Hauptbahnhof in einen Durchgangsbahnhof umwandeln soll, standen zahlreiche alte Bäume unterschiedlichster Art im Stuttgarter Schlossgarten im Wege. Da über Jahre ein ständig hochkochender Kampf von Befürwortern und Gegnern des Bahnprojektes zu einer Spaltung in der Bürgerschaft geführt hatte, waren diese Baumveteranen zu Sinnbildern und potentiellen Opfern einer vermeintlichen Gigantomanie erwachsen.

Um die Gemüter der Gegner zu beschwichtigen, entschied man sich einen Teil der Bäume an einen neuen Standort in der Stadt zu versetzen, sofern dies, abgesehen von immensen Kosten, technisch überhaupt möglich war. Für die ganz alten, stark dimensionierten Veteranen blieb letztendlich aber nur die Fällung übrig.

Gleichzeitig stellte sich die Frage, was dann mit den Baumleichen geschehen sollte?

Das bloße Schreddern der heiß umkämpften Bäume angesichts der emotional aufgeladenen Situation wollte niemand anordnen. So entschied man sich in dieser Notlage im Zuge eines Bürgerforums, die S21-Gegner an der Entscheidung über die weitere Zukunft der Stämme zu beteiligen.

Holzbildhauer sollten einen Teil geeigneter Stämme zu Skulpturen bearbeiten, die dann im öffentlichen Raum aufgestellt würden. Die restlichen sollten als Totholz, in Form sich zersetzender Biotope, der natürlichen Sukzession überlassen werden. Ein würdiger Ort für diesen S21-Friedhof war nicht allzu schwer zu finden. Denn wo sonst als im Stadtwald könnten diese Bäume ihre letzte Ruhestätte finden?!

Hier bot sich insbesondere ein Teil der breiten Trasse der Bodensee-Wasser-Versorgung im Revier von Förster Pfeifengras als Gräberfeld an.

So transportierten im Februar 2012 Langholztransporter, von der Polizei eskortiert, die Bäume und Baumteile an ihre letzte Ruhestätte im Wald von Stuttgart-Feuerbach. Die Aktion verlief wider Erwarten problemlos und ohne großes Aufsehen. In der Folgezeit entstand dann allerdings ein regelrechter Friedhofstourismus dorthin, als durch Zeitungsartikel dieser Ort bekannt geworden war. Neben der Bemalung der Stämme mit Herzen und Tränen wurden bald auch Plüschtiere und andere Devotionalien bei den Dahingeschiedenen abgelegt. Außerdem gab es Plakate unterschiedlichster Art, die sich noch einmal mit dem vermeintlichen Baumfrevel befassten.

In der Zwischenzeit sind die Besucherströme zu diesem Wallfahrtsort abgeebbt.

Die S21-Bäume liegen nach wie vor an ihrem Bestattungsort und zerfallen völlig unbeachtet langsam und sicher in ihre Bestandteile, wie es Tausende andere Bäume im Stadtwald auch tun.

Angesichts dieses Endes und dem zuvor betriebenen Aufwand mit großer Bürgerbeteiligung kommt Förster Pfeifengras, der wohlgemerkt auch S21-Gegner ist, leider ein Zitat von Erich Kästner in den Sinn:

„Was immer geschieht: Nie dürft ihr so tief sinken, von dem Kakao, durch den man euch zieht, auch noch zu trinken."

Kartenspiele

Die verwarnte Verwaltung

Um Bürgernähe bemüht, führte die Landeshauptstadt Ende der 90er Jahre ein geradezu revolutionäres Instrument ein. Wie beim Fußball der Schiedsrichter gegenüber einem Spieler kann seither jeder Bürger gegenüber der Stadtverwaltung eine Gelbe Karte zücken, um einen Regelverstoß anzuzeigen, beziehungsweise eine Verwarnung auszusprechen. Dazu braucht er lediglich eine Beschwerdepostkarte, die auf jedem Bezirksrathaus erhältlich ist, auszufüllen und an das eigens dafür geschaffene städtische „Gelbe-Karten-Team" zu schicken.

Offiziell wird dies als Ideen- und Beschwerdemanagement bezeichnet, hofft man doch wohl insgeheim, dass die Bürger der Verwaltung vielleicht auch Lob aussprechen würden. Tatsächlich beinhaltet die Masse der Kartenzusendungen natürlich Kritik, weil in puncto positiver Resonanz im Schwäbischen gilt: „Net bruddelt, isch scho globt".

Bei diesen Zuschriften sind durchaus interessante und für eine effektive Verwaltungsarbeit brauchbare Ideen und Sachverhalte dabei. Der größte Teil allerdings betrifft Verunreinigungen und kleinere Sachbeschädigungen, die den städtischen Beschäftigten bei ihrer täglichen Arbeit für den Bürger ohnehin aufgefallen wären. So haben sich viele Zuschriften beim Erreichen des jeweils zuständigen Mitarbeiters bereits ohnehin erledigt.

So waren bis Ende 2014 über 40.000 Gelbe Karten bei der Stadtverwaltung eingegangen, die glücklicherweise nicht alle das Forstrevier Hasenacker betrafen. Da das Revier von Förster Pfeifengras aber rund 800 Hektar und somit über 4 Prozent der Gemarkungsfläche der Landeshauptstadt beträgt, war auch er des Öfteren Adressat der schriftlichen Bürgerschelte.

Die Beantwortung dieser Zuschriften kann auch nur schriftlich erfolgen und ist natürlich „Chefsache". So erhält jeder Absender, egal ob konstruktiver Kritiker oder notorischer Dauernörgler eine Antwort, bei der sich der jeweils zuständige Amtsleiter oder Bürgermeister im Namen des Oberbürgermeisters artig für die Kartenzusendung bedankt. Damit ist der Chefsache aber auch schon Genüge getan. Dem Dienstweg folgend, muss zunächst der Amtsleiter den jeweiligen Sachverhalt seinem zuständigen Abteilungsleiter, der seinem Dienststellenleiter oder Sachgebietsleiter und dieser wieder seinem Sachbearbeiter mitteilen und ihn detailliert befragen. Dieser nimmt daraufhin Stellung oder fertigt gleich ein Entwurfsschreiben an, das dann wieder den Dienstweg in umgekehrter Reihenfolge nimmt.

Nicht selten entwickeln sich bei diesem Kartenspiel zwischen Bürger und Verwaltung aus unterschiedlichsten Gründen, wie zum Beispiel Rückfragen oder Unklarheiten, längere und umfangreiche Schriftwechsel.

Durch die bloße Mitteilung der Rufnummer des zuständigen Ansprechpartners an den sich beschwerenden Bürger könnte dies komplett vermieden werden. Dies ist aber wohl nicht möglich, da eine gewisse Dokumentationsmentalität immer mehr um sich greift.

Da man dem kartenzückenden Bürger zudem eine zeitnahe Beantwortung seines Schreibens garantiert, bedeutet dies für die betroffenen Beschäftigten ein nicht unerhebliches Sperrfeuer für ihre normale tägliche Arbeit.

Dieses von der Rathausspitze als gigantische Innovation gepriesene Kartenspiel wird daher unter vorgehaltener Hand von den städtischen Beschäftigen lediglich als suboptimal empfunden und lässt sie über zusätzlichen Arbeitsaufwand stöhnen. Beim Bürger kommt diese Möglichkeit zur Beschwerde natürlich sehr gut an, was sich einmal in folgender fragwürdiger Aussage gegenüber dem Förster zeigte: „Durch diese Zuschriften hält man die Verwaltung auf Trab und verhindert deren Einschlafen!"

Die angenehme und witzige Seite der Zuschriften ist darin zu sehen, dass diese oftmals eines gewissen Unterhaltungswertes nicht entbehren. Die Kartenschreiber ziehen manchmal gnadenlos vom Leder, fahren schweres Geschütz auf oder entfalten gelegentlich eine gewisse unfreiwillige Komik.

Hierzu eine Reihe von Beispielen von Gelben Karten und weiteren Zuschriften, die Förster Pfeifengras betrafen:

Eine Karte beginnt mit dem Satz: „...als Bürger dieser Stadt und nicht unerheblicher Steuerzahler muss ich Ihnen einmal Folgendes ins Stammbuch schreiben!"

Frau A. Knecht schreibt: „Ich trainiere jeden Samstagvormittag zusammen mit anderen berufstätigen Frauen im Kräherwald bei den Übungsstationen. Leider gibt es Probleme mit den freilaufenden Hunden bzw. mit den Hundehaltern. Heute hat ein freilaufender Blindenhund an meine Sportsachen gepinkelt. Als ich dem blinden Hundehalter zurief, was der Hund gemacht hat, sagte dieser, dass es erlaubt sei, die Hunde frei laufen zu lassen. Und falls mir das nicht passe, solle ich woanders hingehen. Dieser Mann ist jeden Samstag gegen 10 Uhr zusammen mit einer blinden Freundin im Kräherwald. Beide Hunde sind immer freilaufend, die Blinden können gar nicht *sehen*, was die Hunde machen. Auf dem Rückweg zum Parkplatz auf einer Strecke von 100 m habe ich vier schwarze Plastiksäckchen mit Hundekot auf dem Weg liegen sehen. An der Übungsstation lag auch ein Säckchen. Warum liegen überall die Säckchen herum?"

Herr Sterntaler, der offensichtlich die Stuttgarter Gemarkungsgrenzen selbst nicht verlässt, schreibt zum Problem einer vielbesuchten Grillstelle: „Am letzten Wochenende befanden sich bisweilen 150 Personen in dem genannten Areal. Den Autokennzeichen war zu entnehmen, dass sie aus Böblingen, Esslingen, Göppingen, Pforzheim und wohl auch z.T. aus Stuttgart kamen". Dies bezeichnet er im weiteren Verlauf des Schreibens als „die Invasion aus allen Landesteilen".

Falls sich die Probleme an selbiger Grillstelle nicht lösen, droht Herr R. Weichselhuber: „…Des weiteren behalten wir uns dienst- und strafrechtliche Schritte gegen die verantwortlichen Beamten, insbesondere gegen die Leiterin des Forstamtes und den zuständigen Revierförster vor!"

Zum Thema abgebaute Waldbänke wendet sich Herr D. Hahn an das Amt: „Da schlummert auch eine kaputte Bank auf der rechten Seite und kein Forst-fachmann hat sie bis heute als gefährdet eingestuft. Vielleicht brauchen wir auch eine EU-Norm für ab-bruchreife Bänke? Das wäre der Hammer, nach der Banane." Weiter führt er aus „Wenn ich überlege, wie ich zum Beispiel die kaputt gewirtschaftete LBBW, die Investitionen für den Stadionausbau, die Subventionie-rung des Staatstheaters, den aufwendigen Polizeischutz der Hooligans und sonstigen bankrotten Krempel mit meinen Steuern mitfinanziere, dann erwarte ich auch einen Beitrag für die Menschen, die nicht grölend ins Stadion ziehen, sondern in der Waldesstille ihre Erho-lung suchen."

Das aus seiner Sicht unnötige Splitten von Wald-wegen kommentiert Herr T. Skriptum: „Der dafür Verantwortliche wirft Jahr für Jahr Geld des Steuerzah-lers zum Fenster hinaus, das für Kindergärten und Schulen oder anderswo so dringend benötigt wird! Eine Umschichtung dieses jedes Jahr hier und sicher anderswo um Stuttgart herum sinnlos hinausgeworfe-nen Betrags wäre wahrlich angebracht. Denken Sie mal darüber nach, so Sie das können!"

Herr K. Schwarzke, der sich an einer noch im Bau befindlichen, unfertigen Kräftigungsstation des Sportpfades bereits betätigt hatte, beschwert sich folgendermaßen: „... auf dem Trimm-Dich-Pfad befindet sich eine Station, bei der in den letzten zwei Tagen auch die Übungen „Bauchmuskeln" und „Rückenmuskulatur" erneuert wurden. Dies geschah auf äußerst dilettantische Art. ...Eine kleinere Frau hat hier keine Chance. Und die Stämme sind nicht abgeschrägt. Ein Mann mit der richtigen Größe klemmt sich bei der Übung die Hoden ein. Alles äußerst so in der Art *Police-Academie 7* oder *Ritter der Kokosnuss...* aber nicht wirklich einen Cent wert!"

Mangelnde Wegweisschilder im eigentlich gesättigten Stuttgarter „Schilder-Wald" beklagt Frau K. Rathmaier „...irgendwann war kein Pfeil mehr zu sehen, im Übrigen auch keine Menschen und zu allem Überfluss begann es auch noch in Strömen zu regnen. Ich lief und lief und konnte im ganzen Wald an keiner Abzweigung irgendeinen Pfeil oder Hinweis, wo ich mich überhaupt befand, entdecken. ...anstatt meiner geplanten halben Stunde war ich knapp zweieinhalb Stunden unterwegs gewesen und hatte mir zudem noch eine dicke Erkältung eingehandelt."

Nach mehrseitiger detaillierter und kritischer Schilderung ihrer persönlichen Eindrücke und Befindlichkeiten beim Anblick eines erfolgten Holzeinschlages schreibt Frau K. Passepartout am Schluss immerhin: „Da ich aber kein Profi in Sachen Land- und Forstwirtschaft bin, werde ich dieses Schreiben nun an den

Deutschen Naturschutz Bund nach Berlin, an die Fraktion Bündnis90 des Landtages Ba-Wü., an den SWR und an Greenpeace nach Hamburg schicken, dass sich dort professionelles Personal mal der Sache annehmen kann."

Diese Bürgerreaktionen von zahlreichen Hilfsförstern und vermeitlichen Naturfreunden eröffnen gelegentlich einen langjährigen Schriftwechsel, ohne dass man sich persönlich kennt. Insbesondere ist hier auch ein Experte für Waldwegeunterhaltung zu erwähnen, der seit vielen Jahren mit exakten, detaillierten Handlungsanleitungen versucht, den aus seiner Sicht desolaten Zustand des Wegenetzes im Stadtwald, zu optimieren.

Bei Kritik und Vorschlägen dieser selbsternannten Experten, kommt Förster Pfeifengras immer wieder folgendes Zitat in den Sinn: „Die essen zweimal in der Woche ein Eisbein und meinen dann sie seien Polarforscher!"

Hüttenzauber

Potemkin lässt grüßen

Einer der populärsten Barden der volkstümlichen Unterhaltungsbranche ist der im Schwabenland geborene und ansässige Chorleiter Gottlob Netzausleger. Schon seit Jahrzehnten ist er international mit den nach ihm benannten Angler-Chören sangesfreudig und lautstark unterwegs, um das deutsche Liedgut weltweit zu verbreiten. So hatte er unter anderem schon 1974 beim Finale der Fußballweltmeisterschaft in Deutschland mit seinen singenden Heerscharen einen seiner größten Auftritte.

Dem deutschen Fernsehpublikum ist er vor allem mit seiner langjährigen Serie „Die liederliche Straße" bekannt. In über 12 Jahren rund um die Jahrtausendwende wurden davon 40 Sendungen à 90 Minuten im Abendprogramm der ARD ausgestrahlt.

In jeder Folge tourte er mit seinem Chor in einem nostalgischen Omnibus jeweils durch eine andere malerische Landschaft, wobei Land, Leute und zahlreiche Gesangseinlagen dargeboten wurden. Die Produktion dieser Sendereihe hatte selbstredend der SWR, der Heimatsender dieses Chorleiters und Dirigenten.

Bei einer der Sendungen, für die der winterliche Alpenraum als Spielstätte für die musikalische Rundreise dient, sitzt Herr Netzausleger in ein paar Sequenzen in einer gemütlichen, gut beheizten Berghütte. Dabei gibt er bei einem vor ihm stehenden, dampfenden Becher Glühwein mehr oder weniger Unterhaltsames von sich.

Für eben diese Szenen suchte der SWR eine geeignete Location für den Dreh. Da man, geprägt durch schwäbische Sparsamkeit, natürlich auch mit dem Geld der Gebührenzahler sorgsam umgeht, wurde möglichst nah am Sitz des Senders in der Landeshauptstadt nach einem geeigneten Drehort gesucht. So erreichte eines Tages den Büroleiter des Forstamtes, Herrn Thielmann, ein Anruf der Fernsehleute. Im Wald der Landeshauptstadt müsste doch eigentlich eine passende Waldhütte zu finden sein. Der Forstmann kümmerte sich dienstbeflissen sofort um das Ansinnen der öffentlich-rechtlichen Sendeanstalt. Nach kurzer Überlegung hatte er auch eine Idee: Die alte Pflanzschulhütte im Revier Hasenacker, die er persönlich von diversen Dienstbesprechungen her kannte, müsste doch eigentlich nach gewissen Tuningmaßnahmen in Richtung hochalpines Ambiente für das televisionäre Täuschungsmanöver geeignet sein.

Nach einem kurzen Treffen vor Ort, wurde alsbald eine Nutzungsvereinbarung unterschrieben und die Drehgenehmigung erteilt, natürlich gegen Gebühr.

An einem Sommertag begannen dann die Vorbereitungen. Die Fernsehleute säuberten in mehrtägiger Arbeit die Hütte. Das Inventar wurde umgestellt und ausgetauscht. Zusätzlich wurden an den Wänden alte zerbrochene Holzski dekorativ angenagelt. Der Chorleiter sollte in der Hütte vor dem Fenster sitzen, wobei durch die Scheiben leider die grüne Wiese hinter der Hütte zu sehen war. So beschlossen die Kulissenbauer diesen Störfaktor zu beseitigen.

Sie kauften bei Förster Pfeifengras mehrere Tannenbäume und stellten sie hinter dem Fenster auf.

Nachdem man diese noch mit weißem Puder beträufelt hatte, war die winterliche Illusion von sattem Neuschnee perfekt gelungen. Innen an den Scheiben sorgte ein aufgebrachtes mattweißes Farbspray für ein durch Wärme beschlagenes Fenster. So war die Waldhütte optimal für den großen Auftritt des Hauptdarstellers hergerichtet.

Tags darauf erschien dieser dann völlig unspektakulär vor Ort und begab sich in die Hütte. Die Kameraleute, Tontechniker und Beleuchter, natürlich allesamt Profis, hatten nun absolut leichtes Spiel. Die gewünschten Szenen waren nach nur einer Stunde bereits im Kasten und der Chorleiter entschwand wieder ohne großes Aufsehen, genauso wie er gekommen war.

Förster Pfeifengras sah der Limousine nach, die sich rasch aus dem Wald entfernte.

Wie viele Fernsehsendungen würden wohl auf ähnliche Art und Weise produziert, ohne dass der Zuschauer auch nur die leiseste Ahnung von den jeweiligen Aufnahmemodalitäten hatte?!

Die Pflanzschulhütte im Hasenacker trägt übrigens seit diesem Drehtag amtsintern den Namen des Meistersingers von Plochingen.

Bank(en)krise

Sterbende Wälder - sterbende Bänke

Eine neue, seit etwa 2012 auch in Stuttgart auftreten-
de Pilzerkrankung an Eschen, die wohl aus Japan
kam, machte Förster Pfeifengras besonders in seinem
Distrikt Eschental zu schaffen. Dort waren Eschen,
Nomen est Omen, sehr zahlreich in allen Altersklas-
sen anzutreffen. Bei dieser Krankheit, die von dem
Pilz *Falsches Weißes Stängelbecherchen* verursacht wird,
sterben die Baumkronen von der Peripherie her ab.
Auf trockene Zweige folgen ganze Äste und Kronen-
Teile, ehe der ganze Baum sich in nur wenigen Jahren
ins dendrologische Nirvana verabschiedet. All diese
Zerfallsphasen waren 2014 im Distrikt Eschental zu
sehen. Da dieser zugleich ein Naturschutzgebiet ist
und sich die Forstverwaltung seit mehreren Jahren
mit ihrem Alt- und Totholzkonzept brüstet, wäre
diese Totholzzunahme aus ökologischer Sicht durchaus erfreulich gewesen.

Die Problematik liegt allerdings in der Tatsache,
dass der Waldbesitzer in der Verkehrssicherungs-
pflicht steht, das heißt für die Gefahren, die von
seinen Bäumen ausgehen, haftet. Dies gilt insbesondere entlang öffentlicher Straßen oder für den Bereich
von Erholungseinrichtungen wie Spielplätzen, Grillstellen oder Sportpfaden im Wald.

Aber auch die Sitzbank, im wahrsten Sinn des
Wortes eine „Erholungseinrichtung", gehört dazu.

So ließ Förster Pfeifengras kurzerhand eine Reihe von Bänken in diesem betroffenen Waldteil abbauen, um die Sicherheit der Waldbesucher nicht zu gefährden.

Bei insgesamt rund 100 Bänken in seinem Revier und der Tatsache, dass der Zeitpunkt des Abbaus im Winterhalbjahr lag, rechnete der Forstmann nicht mit allzu großer Aufmerksamkeit der Bevölkerung in puncto „Bank(en)sterben". Außerdem besteht ja grundsätzlich die Möglichkeit, eine kleine Pause anstatt auf Bänken auch auf Baumstümpfen oder gefällten Stämmen entlang des Weges zu verbringen.

Trotz seiner langjährigen Erfahrung mit den Befindlichkeiten der Großstadtbevölkerung hatte sich Pfeifengras hier kräftig verschätzt. Schon nach kurzer Zeit brach neben Telefonanrufen geradezu ein „Gelbe Karten"-Tsunami los. (siehe hierzu auch das Kapitel „Kartenspiele"). Die Bankenkrise hatte das Forstrevier Hasenacker voll erfasst.

Bankkunden unterschiedlichster Art beschwerten sich schriftlich, äußerten Unverständnis und hofften auf eine rasche Ersatzvornahme. Da Förster Pfeifengras in seinen Entwürfen zu den jeweiligen Antwortschreiben lediglich versuchte, zu erklären, zu beschwichtigen oder eine teilweise Standortveränderung vorzuschlagen, konnten sich die Gemüter nicht so recht beruhigen.

Durch seine ablehnende Haltung in dieser Problematik schritt ein Teil der Kunden zur Selbsthilfe. Als der Förster zunächst ein paar im Wald aufgestellte Klappstühle bemerkte, nahm er dies nur beiläufig zur Kenntnis.

Kurze Zeit später aber sah er auch noch ein ausrangiertes, altes Sofa an der Kreuzung zweier Waldwege stehen. Jetzt ging ihm ein Licht auf:

Die treuen Waldbesucher hatten die Bankenneugründung in die eigene Hand genommen! Zur Eröffnungssitzung hatte man den Förster allerdings nicht eingeladen.

Vulkanausbruch

Nur eines von vielen Naturereignissen

Einen Großteil der Betriebsarbeiten eines Forstbetriebs im Laufe des Jahres stellt der Holzeinschlag dar. Dieser findet im Laubholz in der Regel im Winterhalbjahr statt, da hier die Bäume unbelaubt sind.

Freie Sicht in die Baumkrone und in das Gelände erhöhen die Sicherheit für die mit der Fällung betrauten Forstwirte. Zudem werden wertvolle Hölzer nicht so schnell durch Pilzbefall oder Insekten entwertet und können so länger gelagert werden. Im Stuttgarter Wald, wo der Anteil der Laubbäume rund 80 Prozent beträgt, findet der Holzeinschlag praktisch ausschließlich im Winterhalbjahr statt. Neben Maßnahmen aus Gründen der Waldpflege und der Ernte von starken, wertvollen Hölzern hat im Laufe der Jahre die Verkehrssicherung immer stärkeres Gewicht bekommen.

Der problematischste Arbeitsvorgang bei der Holzhauerei ist das *Holzrücken*. Die Forstleute bezeichnen damit den Transport der Stämme aus dem Bestand an die befestigten Waldwege, wo diese bis zur Abfuhr gelagert werden.

Förster Pfeifengras erinnert sich gerne an die Winter vor ein paar Jahrzehnten am Anfang seiner Dienstzeit, wo oftmals wochenlanger Frost für ideale Verhältnisse für diesen Arbeitsvorgang sorgte. Leider war bei diesen fast arktischen Verhältnissen auch eine gelegentliche Rutschpartie in den Graben mit dem eigenen nicht geländegängigen Pkw unvermeidlich. Auch folgte dann ein Kilometer langer Fußmarsch in bewohntes Gebiet zum nächsten Telefon, da Notrufe mit dem Handy, heute völlig normal, damals noch im Bereich der Utopie lagen.

Im Zuge der Klimaveränderungen sind die Winter leider immer milder geworden und das Zeitfenster für pflegliche Rückearbeiten immer kleiner. Große Maschinen, für die es beim Transport schwerer Stämme keine Alternativen gibt, führen bei ungünstigen Bodenverhältnissen oftmals leider zu ziemlichen Schäden, insbesondere an den Waldwegen. Da der großstädtische Waldbesucher aber durch die gärtnerische Betreuung der innerstädtischen Grünanlagen recht verwöhnt ist, erwartet er ähnlich hohe Standards auch bei Waldwegen. Erst recht seit die Forstleute bedingt durch Verwaltungsreformen beim Gartenbauamt ressortieren.

Für Förster Pfeifengras und seine Kollegen ist somit das Holzrücken oftmals die Quadratur des Kreises: termingerechte Bereitstellung der verkaufsfähigen Hölzer, Berücksichtigung des Naturschutzes und Befindlichkeiten der Waldbesucher in puncto bestens begehbarer Wege während des ganzen Jahres, unabhängig von der Witterung.

Diesbezüglich ist der Distrikt Rabenforst der absolute Lieblingsteil seines Reviers, da dieser direkt an das Innenstadtgebiet angrenzt und zum Beispiel vom S21-Bahnhof nur einen guten Kilometer Luftlinie entfernt liegt.

Hier tummeln sich auch werktags unzählige Stuttgarter Bürger mit ganz unterschiedlichen Freizeitinteressen, so dass dieser Wald sicher neben dem Naturschutzgebiet Rot- und Schwarzwildpark zu den besucherreichsten in Baden-Württemberg gehört.

In den Fußgängerzonen der City käme kein Mensch auf den Gedanken, andere Passanten zu grüßen. In der vermeintlichen Einsamkeit des Waldes jedoch scheint ein freundlicher Gruß für die Mitmenschen durchaus angebracht, wie er auch für entgegenkommende Wanderer im Urlaub üblich ist. So hat sich diese Geste zwischenmenschlicher Hygiene auch in diesem Waldteil durchgesetzt, wobei die hohe Besucherfrequenz dazu führte, dass der Distrikt Rabenforst im Volksmund auch als „Grüßgottleswald" bezeichnet wird.

Eine weitere Besonderheit für Förster Pfeifengras und seine Mannschaft, deren Arbeitsplatz fernab der amtseigenen Toiletten liegt, ist hier die unvermeidliche Notdurft. In diesem Distrikt mit seiner hohen Besucherdichte ist dies oftmals ein schwieriges Unterfangen. Man versucht, einen angemessenen Abstand zum Hauptweg einzuhalten, bevor an einem geeigneten Baum das Beinkleid im vorderen Bereich von störendem Stoff befreit wird. Bedingt durch die extrem hohe Wegedichte ist allerdings oftmals vom Parallelweg aus schon wieder die Vorderseite des Austretenden zu sehen.

So müssen sich die Forstleute in diesem Wald besonders vorsehen, um nicht als Sittenstrolche in Verdacht zu geraten.

Wo die Besucherzahlen hoch sind, sind natürlich die forstlichen Betriebsarbeiten stark erschwert, und ständiger Beobachtung und Kritik ausgesetzt. Deshalb waren die Forstwirte von Pfeifengras auch alles andere als begeistert, als im Zuge vergangener betrieblicher Reformen dieser Wald schrittweise vor einigen Jahren zum Revier Hasenacker und somit in ihren Zuständigkeitsbereich kam.

„Unser gutmütiger Chef hat sich mal wieder breit schlagen lassen" war der einhellige Kommentar der Männer von Pfeifengras. Trotz allem hatten sie dann diesen Distrikt im Laufe der Zeit durchaus lieb gewonnen, da sie durch fachgerechte, nachhaltige Arbeit besonders bei den zahlreichen Erholungseinrichtungen, immer wieder auch positive Rückmeldungen der Bevölkerung erhielten.

Das gravierende Problem indessen war hier der unvermeidliche Holzeinschlag. Trotz Absperrung der Waldwege mit überdimensionierten Sperrbändern und Schildern, auf denen auch Bußgelder bei Nichtbeachtung angedroht werden, setzen sich immer wieder uneinsichtige Waldbesucher darüber hinweg. So sind alle Beteiligten froh, wenn eine Einschlagsaison ohne Unfall beendet werden kann.

Der für die Öffentlichkeit kritischste Punkt ist allerdings das vorher erwähnte Holzrücken. Als vor einigen Jahren durch Trockenschäden bedingt entlang der Straße *Am Rabenforst* eine größere Anzahl von Eichen im Zuge der Verkehrssicherung gefällt werden musste, war das Fiasko da. Wieder einmal hatte sich der Winter wettertechnisch überhaupt nicht nach den Planungen der Forstleute gerichtet.

Bei der Stuttgarter Zeitung hagelte es empörte Anrufe und Zuschriften von Spaziergängern, Gassigehern, Joggern sowie der Waldnachbarn auf der gegenüber liegenden Seite der Straße.

Ein größerer Artikel mit der Überschrift: „Hier sieht es aus wie nach einem Vulkanausbruch" war die Folge.

Hierbei wurde eine Anwohnerin zitiert, welche ihre optischen Eindrücke mit dem kurz zuvor in Amerika stattgefundenen Ausbruch des Vulkans Mount St. Helens verglich. Obwohl der stellvertretende Leiter des Amtes, Oberforstrat Buchholz, im gleichen Zeitungsartikel erklärend beschwichtigte und für den „gewöhnungsbedürftigen" Anblick dieser Maßnahme warb, kam es zu zahlreichen weiteren Anrufen und Leserbriefen.

So zum Beispiel „da haben Dilettanten gewütet, das sieht jeder Laie", oder „so eine radikale Rodung habe ich noch nie erlebt".

Solche und ähnliche Reaktionen, die für Förster Pfeifengras und seine Mitstreiter seit Jahrzehnten zum Alltag gehören, werden sich wohl auch in Zukunft nicht vermeiden lassen.

Eine herausragende Spitze der Schelte durch die Öffentlichkeit bildete im darauf folgenden Jahr ein Zweizeiler des Heslacher Universalgenies Traugott Armbrüstle, der unter anderem durch seine Erfindung des Sicherheitshammers mit angeschweißtem Nagel bekannt wurde.

Da auch Spottverse zu seinen Spezialitäten gehören, reimte er nach einem erfolgten Holzeinschlag angesichts einer temporären Schlammwüste am Blauen Weg in der Bürgerzeitung Lebendiger Süden:

Mir brauchet keinen Sturm Kyrill –
wir habet Forstfrau Erdin-Schwill

Im Gegensatz zu solch scharfen Anwürfen steht dankenswerter Weise ein für die Forstleute beruhigender Leserbrief zum Thema „Stuttgarter Vulkanausbruch", der aus dem Rahmen fiel:

Das Forstamt wütet nicht es bewirtschaftet und soll erwirtschaften – wo ist denn das Problem? Dazu wird nach Plan gesundes qualitativ hochwertiges Holz geschlagen. Danach sieht es eben ohne Laub im Moment ein bisschen wild aus – fertig. Sie tun gerade so, als wären sämtliche Wälder um Stuttgart vollständig gerodet worden! Welch Aufschrei würde ertönen, wenn Eintritt für die Freizeit-Nutzung des „Parkwald Stuttgart" erhoben werden würde, weil die vielfältigen Unterhaltungsarbeiten weiterhin finanziert werden müssen? Und würden Sie die Haftung übernehmen wollen, wenn im Degerlocher Wald weitere tödliche Unfälle passieren würden? Die Tatsachen sind hier nicht so pauschal auf eine angeblich wild gewordene Forstamtsleiterin zu reduzieren.

Ich stamme aus einer ländlichen Gegend: Dort sind derartige Problemchen nicht mal erwähnenswert – man beschäftigt sich mit Wichtigerem, und ich kenne einige die würden sagen: „Die Schdädder hend halt z'viel Zeit zom iaber solche Sacha zum Motza. Solled so doch en iarn Killesberg-Rosenstein-Park ganga ond den Wald in Rua lassa."

Waldfriedhof

Die etwas andere Bestattung

Im Zuge von Verwaltungsreformen war das ehemalige Staatliche Forstamt Stuttgart unfreiwillig und schuldlos als eine neue Abteilung vor einiger Zeit bei der Landeshauptstadt, beim Garten- und Friedhofsamt, untergekommen. So fühlte sich Förster Pfeifengras auch als kompetenter Ansprechpartner für ratsuchende Trauernde, die in der Regel wegen ihrer dahingeschiedenen vierbeinigen oder gefiederten Lieblinge anriefen. Die Tierhalter ohne eigenen Grundbesitz wünschten sich oftmals eine würdevollere letzte Ruhestätte, als die von der Stadt angebotene Verbringung der Kadaver in die Tierkörperbeseitigungsanlage.

Eine Beerdigung im Wald schien sich hierbei anzubieten, sozusagen als kleine tierische Filiale des Stuttgarter Waldfriedhofs. Dies konnte vom Förster allerdings nicht erlaubt werden, da dies einen Verstoß gegen das Tierkörperbeseitigungsgesetz gewesen wäre.

Das Begraben eines Tieres ist vom Gesetz her nur auf dem eigenen Grundstück möglich, sofern dieses nicht im Wasserschutzgebiet liegt oder der Ort unmittelbar an öffentliche Wege oder Plätze angrenzt.

Ein völlig kurioser Anruf bezüglich einer Beerdigung im Wald fiel allerdings komplett aus dem Rahmen.

Förster Pfeifengras dachte zunächst an einen blöden Scherz, ließ sich dann aber im weiteren Verlauf des Gesprächs von der Ernsthaftigkeit des Wunsches überzeugen, den der Anrufer vortrug:

Dieser wollte im Wald seinen PC beerdigen!

„Sorry", antwortete Pfeifengras ungläubig, „Sie wollen im Wald ihren Elektronikschrott verbuddeln?"

Der Anrufer jedoch sah das völlig anders und erwiderte empört:

„Elektronikschrott? Wie reden Sie über meine Sofie, sie hat mir jahrelang treue Dienste getan!"

Förster Pfeifengras blieb die Spucke weg. Stets bemüht die rat- und hilfesuchenden Bürger zufriedenzustellen, schien er hier auf die Schnelle keine Lösung zu sehen. Wie war es möglich für Sofie und deren Besitzer einen angemessenen Trennungsmodus zu finden?

Nach geraumer Zeit betretenen Schweigens fiel Förster Pfeifengras ein, dass er selbst vor kurzem einen alten Fernsehapparat zum Recyclinghof der Neuen Arbeit gebracht hatte.

„Elektrogeräte müssen ordnungsgemäß entsorgt werden" wandte er sich an sein telefonisches Gegenüber. „Bei einer Recyclingstelle werden alle verwertbaren Teile und Materialien nach einer Zerlegung aber der Wiederverwertung zugeführt. Das ist doch eine gute Lösung. So hat ihre Sofie immerhin ein Weiterleben nach dem Tode, oder sehen Sie es zumindest als eine Art von Organspende." Daraufhin trat eine nachdenkliche Stille bei diesem Telefongespräch ein. Der trauernde Hinterbliebene musste offensichtlich erst einmal tief in sich gehen.

Dann aber antwortete er ganz bestimmt: „So machen wir es, mit der Idee kann ich gut leben, sicher auch Sofie und Ihr Wald. Herzlichen Dank!"

Erleichtert legte der Förster den Hörer auf: Sofie ruhe in Frieden!

Notdurft

Auch Not kennt ein Gebot

Eines schönen Tages war plötzlich im Grünflächenamt der Stadt die Damentoilette verstopft. Um die Misere möglichst zeitnah zu beheben, beauftragte daraufhin ein Beamter des mittleren nicht technischen Verwaltungsdienstes einen örtlichen Sanitärfachbetrieb mit der Schadensbehebung. Hierbei hatte er leider in totaler Selbstüberschätzung seine Kompetenz und den ihm zustehenden Handlungsspielraum überschritten.

Als die Sanitärfirma kurz darauf im Amt eintraf, war zum Glück ein Beamter des gehobenen Dienstes anwesend, der sofort die Problematik dieses nicht vergabekonformen Vorgehens seines nachgeordneten Kollegen erkannte.

Vor Auftragsvergabe hätten mindestens drei Vergleichsangebote verschiedener Firmen eingeholt werden müssen. Zudem war der Firmenchef der beauftragten Firma, ein Verwandter zweiten Grades des Verwaltungsbeamten. Dabei war gerade diese Problematik erst unlängst bei der turnusgemäß jährlich stattfindenden Antikorruptionsschulung für alle städtischen Mitarbeiter angesprochen worden.

So ließ der Stadtamtmann zunächst einmal das Damen-Klo verschließen, die Sanitärfirma aus dem Amt weisen und gegen den nachgeordneten Kollegen ein Disziplinarverfahren einleiten, um alsbald den Auftrag vorschriftsmäßig zu bearbeiten.

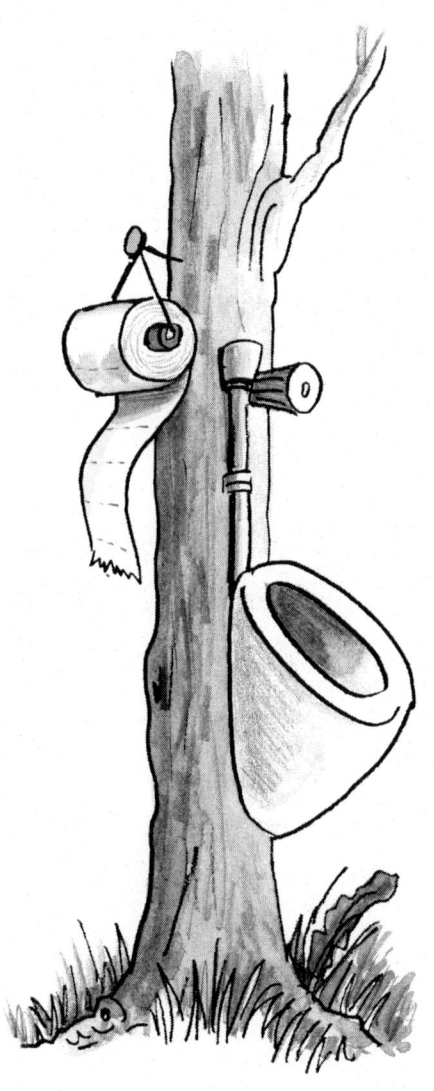

Da bei solchen Ausschreibungsverfahren natürlich eine gewisse Zeit ins Land geht und mit schnellen Entscheidungen nicht zu rechnen ist, verfügte er zudem, in Absprache mit seinem Dienststellenleiter, dass bis zur erledigten Reparatur nun das Herren-Klo zum Damen-Klo umfunktioniert werden würde. Ab sofort hatten alle männlichen Beschäftigten ihre Notdurft an einer Eibe zu verrichten, die sich auf dem Gelände des Amtes befand.

Daraufhin ging sehr schnell eine Beschwerde der Betroffenen bei der Personalvertretung ein, da diese Regelung für „größere Geschäftsvorhaben" ihrer Meinung nach völlig untauglich war.

So bestellte der Stadtamtmann in aller Eile ein Dixi-Klo, hatte aber vergessen Rücksprache mit seinem Dienstvorgesetzten zu nehmen und die Vergaberichtlinien zu berücksichtigen. So ließ dessen Abteilungsleiter, ein Leitender Stadtdirektor, der dieses Dienstvergehen beim Urinieren an der Eibe bemerkte, gegen seinen nachgeordneten Mitarbeiter ein Disziplinarverfahren einleiten.

Das Dixi-Klo wurde umgehend wieder abgefahren und gleichzeitig eine Dienstvereinbarung für die Benutzung des noch funktionstüchtigen Herren-Klos erarbeitet: Der Hausmeister wurde beauftragt das Männlein-/Weiblein-Piktogramm an der Klo-Türe im stündlichen Wechsel auszutauschen.

Dieses eigentlich sehr saubere und korrekte Verfahren wurde allerdings von einigen weiblichen Beschäftigten des Amtes völlig anders und diskriminierend gesehen, da die Männer auch weiterhin während der Toilettenbenutzungszeit der Damen, an der Eibe urinieren konnten.

So landete die Angelegenheit bei der *Abteilung für Individuelle Chancengleichheit für Frauen und Männer*, was den zuständigen Bürgermeister auf den Plan rief.

Er ließ die Eibe umgehend fällen.

Dabei machte er allerdings zwei verhängnisvolle Fehler: Zum einen hatte er die Baumschutzverordnung der Stadt außer Acht gelassen, was das Umweltamt einschreiten ließ, zum anderen war die nicht erfolgte notwendige europaweite Ausschreibung für die Fäll-Aktion ein Fall für das Rechnungsprüfungsamt.

So war kurz darauf ein beträchtlicher Teil der Stadtverwaltung vom Dienst suspendiert.

Die Erlösung aus diesem Albtraum erfolgte letztendlich durch einen Praktikanten.

Noch vor der Ankunft eines andalusischen Flaschners und der Lieferung eines WC-Containers aus Bukarest hatte dieser von zu Hause eine grobe Drahtspirale mitgebracht und damit die WC-Verstopfung beseitigt.

Diese außerplanmäßige, völlig unerwartete Eigeninitiative stellte das Amt allerdings vor ein völlig neues Problem:

Wie leitet man ein Disziplinarverfahren wegen Kompetenzüberschreitung gegen eine Person ein, die noch nicht einmal einen Anstellungsvertrag hat?